UNSER
KULINARISCHES ERBE

Ländle Käsbuch

Bodenständige Gerichte und Raritäten

KRENN

Besonders herzlich bedanken wir uns bei:
Veronique Schir aus Au, die uns mit besonderen Zieger- und Sig-Rezepten versorgt und diese auch zubereitet hat. Wir haben alles aufgegessen und es hat richtig gut geschmeckt.
Oliver Huber, bekannt für seine Lebensmittel-Produktion und der OliVer's Kräuterveredelung in Andelsbuch, der den Kontakt zur Alpe Oberauenfeld hergestellt und uns tatkräftig unterstützt und begleitet hat.
Der Älpler-Familie **Thomas, Barbara und Oma Antonia Strohmaier**, die uns einen Einblick in das schöne und arbeitsintensive Leben auf der Alpe schenkten.

Literatur:
Adam, Walser Kost für Leib und Seel
Amann, Fanni (2007), Meine Küche, Wien
Bischoff, Lisbeth (2008), Das Vorarlberg-Kochbuch, Wien
Riha, Georg I Komarek, Alfred (1990), Vorarlberg. Das andere Land, Wien
Maier-Bruck, Franz (2006), Vom Essen auf dem Lande, Wien

Cover, grafische Gestaltung: Marianne Prutsch
Lektorat: Mag. Markus Taucher
Rezepte: Veronique Schir, Oliver Huber, Hubert Krenn
Fotografie: Andreas Riedmann, Andrea Knura, fotolia.com (Alexkava, Elena Schweitzer, fotofund, racamani, forte63, Schweinepriester, Chariclo, Ekler, photocrew, studiophotopro, gandolf, blende40, ExQuisine, mihi, Raffalo, kromkrathog, Kumbabali, Marek, Delphimages, Maceo, Guido Vrola, marog-pixcells, Handmade Pictures, nata_vkusidey, dimedrol68, pilipphoto, canicula, Anja Kaiser), MEV-Verlag
Druck und Bindung: Gorenjski Tisk

Inhalt

Suppen

Hauptspeisen

Desserts

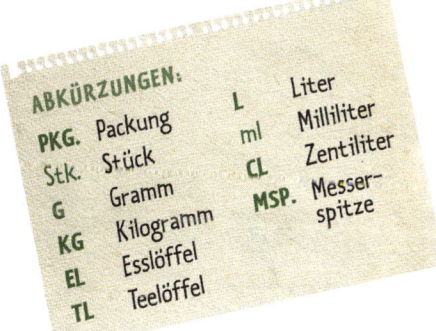

ABKÜRZUNGEN:

PKG. Packung
Stk. Stück
G Gramm
KG Kilogramm
EL Esslöffel
TL Teelöffel

L Liter
ml Milliliter
CL Zentiliter
MSP. Messer-spitze

Geschmackvolle Rohmilch, traditionelle Verarbeitung, handwerkliches Können und Zeit zum Reifen sind die Komponenten für einen guten Vorarlberger Käse. Es sind Produkte mit Geschichte und einer Identität.

Mit der Einwanderung von Schweizer Sennern und Bauersleuten im 17. Jahrhundert begann die Erfolgsgeschichte des Vorarlberger Bergkäses, denn diese brachten die Kunst des „Fettsennens" mit. Zuvor wurde auf den Almen vorwiegend Butter hergestellt und als Nebenprodukt der Butterherstellung Sauermilchkäse (Sura Kees).

Die Veränderung der Käsekultur veränderte auch die Bauernschaft nachhaltig und brachte manchem „Käsebaron" Wohlstand und Reichtum. Bergkäse war schon damals sehr beliebt und boomt auch heute noch.

Bergkäse ist der König des österreichischen Käse-Universums.

Über 60 Käsespezialitäten werden im Ländle erzeugt, aber die Vorarlberger Käse-Leitprodukte sind der Alp- und Bergkäse.

Der Alpkäse ist eine besondere Rarität, da ausschließlich Alpmilch verwendet wird und die Beimengung von Milch aus Talbetrieben verboten ist. Verkäst wird die aromatische Frischmilch noch traditionell in Kupferkesseln, die mit Holz befeuert werden. Der Käse wird bis heute von Hand geschöpft.

Daneben gibt es Emmentaler, Tilsiter, Räßkäse, Gouda und Weichkäse wie Bachensteiner oder Camembert. Eine Besonderheit sind die Sauermilchkäse, wie z. B. der Montafoner Sura Kees, sowie die regionalen Besonderheiten Zieger und Sig.

Heumilch

Heumilch ist jene Milch, die von Landwirten unter freiwilligem Verzicht auf Silofutter produziert wird. Die Herstellung von Heumilch ist die ursprünglichste Form der Milchgewinnung.

Eine Heumilchkuh ernährt sich im Sommer ausschließlich von frischem Wiesengras und Kräutern. Auf dem Speisezettel der Kühe bedeutet das durchschnittlich 40 verschiedene Arten von Klee, Gräsern und Kräutern. Im Winter frisst sie lediglich Heu und Getreideschrot als Beigabe.

Die hohe Käsereitauglichkeit und der gute Geschmack machen diese Milch so besonders.

Mit einer durchschnittlichen Milchleistung von 6.600 kg pro Kuh und Jahr ist man weit von der „Turbokuh" entfernt.

Ländle-Käsekultur

Wie wird die Milch zum Käse
....

In der Molkerei oder Sennerei werden der rohen Milch Milchsäurekulturen oder Labferment beigemengt, worauf die Milch gerinnt und zu einer gallertigen Masse wird. Diese wird mit der Käselyra geschnitten. Der sich vom festen Bestandteil (Käsebruch) trennende Anteil, ist die Molke. Der Käsebruch wird in verschiedenste Formen abgefüllt, die der jeweiligen Käsesorte ihr charakteristisches Aussehen verleihen. Der in Form gebrachte Käsebruch wird ins Salzbad gelegt und anschließend gereift und gepflegt.

Die Reifezeit kann ganz unterschiedlich sein. Beim Sauermilchkäse benötigt man rund zwei Wochen, bei Hartkäse dagegen bis zu zwei Jahre.

Zieger (Ziiger, Seagan)

Der Zieger (Topfen, Quark) ist eine weißliche Käsemasse und ein Nebenprodukt bei der Käsezubereitung. Es ist das ausgeflockte Eiweiß nach dem Aufkochen der Molke.

Der Zieger wird im Ziegersack aufgehängt, dann frisch verwendet oder aufbewahrt und mit Salz oder Kümmel versetzt.

Zieger kann man für Gerichte wie Knöpfle, Nockerl oder auch Nudeln verwenden.

Die Sennsuppe

Diese beliebte Suppe der Älpler ist frisches Käswasser mit dem frisch gebrochenen Zieger.

Sig
(Gsig, Wälderschokolade)

Dieses Produkt der Sennereiwirtschaft wird nur noch im Bregenzerwald, im Montafon und im Walsertal hergestellt.

Die frische Schotte (Molke) wird im Kessel viele Stunden lang unter ständigem Rühren bis zum völligen Verdunsten der Flüssigkeit gekocht. Die übriggebliebene süß schmeckende Masse (besteht hauptsächlich aus Milchzucker) wird zu Sig-Laibchen geknetet.

Man bekommt Sig in Käsegeschäften und gelegentlich auch auf Märkten angeboten.

Sig wird ebenfalls in der Küche verwendet, auf den nächsten Seiten finden Sie ein Sig-Parfait, Sig-Knödel sowie Sig-Knöpfle.

15

„Kehr inn und blieb dau,
kascht später witor gau!"

Älplersein
Mythos und das Gefühl von Freiheit

„Vom Sulzberg an durch den Bregenzerwald, die Landgerichte Sonnenberg, Montafun und einen großen Teil von Feldkirch ist die Alpenwirtschaft der Haupternährungzweig.“, schreibt Weizenegger in Vorarlberg, 1839. „Mit Ende Mai oder Anfang Juni werden Voralpen, hier Maien- oder Vorsässe genannt, bezogen; viele Familien verlassen dann auf vier bis sechs Wochen ihr Pfarrdorf, wohnen mit den Kindern und der ganzen Habe in der Senn- oder Alpenhütte.“

Und noch heute ist für Vorarlberg die Drei-Stufen-Bewirtschaftung typisch. Von der Stallhaltung im Tal zur Viehweide auf das Vorsäß (ca. 900–1.600 Höhenmeter) und dann auf die Hochalpe auf bis zu 2.000 Meter. Rund 25.000 Rinder beweiden im Sommer die Almen, 500 bewirtschaftete Alpen werden dabei genutzt.

Die Familie Strohmaier bewirtschaftet die Alpe Oberauenfeld auf 1.760 Meter. Die Sennersleute Thomas und Barbara und Kinder sowie die Großmutter Antonia, eine Älplerin alten Schlages. Auch wenn das Leben auf der Alpe zum Mythos geworden ist, beschwerlich und arbeitsintensiv ist es immer noch.

17

Suppen

....

Älpler Flädlesuppe

Zutaten

100 g Mehl

200 ml Milch

2 Eier

Salz, Pfeffer

2–3 EL geriebener Käse

etwas Öl oder
geschmolzene Butter

1 l Rindsuppe

2 EL gehackter Schnittlauch

Aus Mehl, Milch, Eiern und geriebenem Käse einen dünnflüssigen Teig herstellen. Mit Salz und Pfeffer würzen und etwas Öl oder flüssige Butter daruntermischen. Wenig Öl in einer Pfanne erhitzen und dünne Palatschinken backen. Auskühlen lassen, anschließend zusammenrollen und in feine Streifen schneiden.

Suppe aufkochen lassen und in Tellern anrichten, die Flädle darin verteilen und mit Schnittlauch bestreut servieren.

Käsesuppe

Zutaten

2 Stk. Schmelzkäse

125 ml Schlagobers

1–2 Eidotter

1 l Fleischsuppe

Schnittlauch

Den Schmelzkäse in Flöckchen schneiden und in die kochende Fleischsuppe geben. Ein paar Minuten ziehen lassen, dann mit dem Schneebesen kräftig durchschlagen. Dotter und Obers verrühren und die Suppe damit binden – dabei nicht mehr aufkochen lassen.

Mit reichlich Schnittlauch bestreut anrichten.

Käsesuppe
mit Sura Kees

Zutaten

50 g Butter

50 g Zwiebeln

100 g Sura Kees

250 ml Schlagobers

750 ml Rindsuppe

100 g Erdäpfel

Salz, Pfeffer

Kümmel

1 EL Schnittlauch

50 g Schwarzbrot

Die kleinwürfelig geschnittenen Zwiebeln mit Butter in einem Topf anrösten. Käse würfelig schneiden, die rohen Erdäpfel schälen und fein reiben. Käse, Schlagobers, Rindsuppe und die geriebenen Erdäpfel in den Topf geben, mit Salz, Kümmel und Pfeffer würzen. Bei mäßiger Hitze ca. 20 Minuten lang kochen.

Das Schwarzbrot in 0,5 cm große Würfel schneiden und in Butter anrösten. Die Suppe nochmals pikant abschmecken, vor dem Servieren mit den gerösteten Brotwürfeln und Schnittlauch bestreuen.

WISSENSWERTES: Sura Kees (auch Sura Käs) ist ein Sauermilchkäse aus dem Vorarlberger Montafon und ähnelt dem Tiroler Graukäse.

Suppe mit Ziegernocken

Zutaten

500 g Zieger

1 Prise Salz

2 Eier

100–120 g Mehl

Fett zum Backen

1 l Gemüsesuppe
(Sellerie, Lauch, Karotten,
Zwiebel, Knoblauch)

Zieger, Salz und Eier in einer Schüssel miteinander vermengen. Dann die Hälfte des Mehls unterrühren und den Teig aus der Schüssel nehmen. Auf ein Nudelbrett geben und den Rest des Mehls einkneten. Je nach Beschaffenheit des Zieger die Mehlmenge variieren.

Daraus kleine Knödel formen und in heißem Fett herausbacken.

In die vorbereitete Suppe geben und mit Schnittlauch bestreuen.

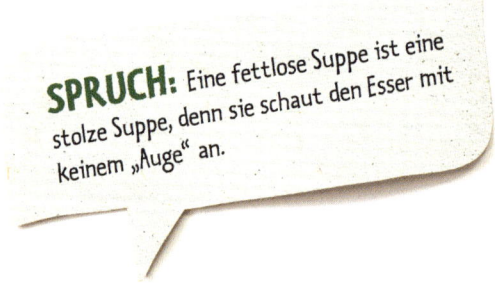

SPRUCH: Eine fettlose Suppe ist eine stolze Suppe, denn sie schaut den Esser mit keinem „Auge" an.

Schlaetterle-suppe

Zutaten

3 EL Mehl

1 Ei

Salz

Muskatnuss

50 g grob geriebener Bergkäse

ca. 1 EL Wasser

Aus Mehl, Ei, Salz, Muskat und Wasser einen flüssigen Teig herstellen. Den Teig in die kochende Suppe „laufen" lassen. Oder auch den Teig etwas fester machen, gleichmäßig auf ein Brett streichen und mit dem Messer in die Suppe einarbeiten.

Zum Schluss die Suppe abschmecken, den geriebenen Käse darunterrühren und mit Petersilie bestreuen.

Ein Schuss Schlagobers macht die Suppe noch geschmackvoller.

Hauptspeisen

Bachensteiner
mit Grumpera und Brötle

Zutaten

2 große Erdäpfel

8 Scheiben Weißbrot

Bachensteiner Käse
nach Belieben

Kräuterspitzen
nach Verfügbarkeit
(z. B. Rucola, Petersilie, Schnittlauch, Giersch, Sauerampfer,
Löwenzahn, Basilikum,
Mönchsbart, Brunnenkresse)

Salz, Pfeffer

Olivenöl

Erdäpfel am Vortag im Backofen garen und über Nacht kalt stellen.

Das Brot in der Pfanne ohne Öl beidseitig bei mittlerer Hitze anbraten, mit Salz und schwarzem Pfeffer aus der Mühle würzen und mit gutem Olivenöl beträufeln.

Die bereits am Vortag im Ofen gegarten Erdäpfel in Scheiben schneiden, auf den Brotscheiben verteilen und ebenfalls salzen, pfeffern und mit Öl marinieren.

Darauf den in Scheiben geschnittenen Bachensteiner Käse verteilen, die belegten Brote kurz in den Ofen geben, sodass der Käse gerade eben zerläuft. Mit Salat anrichten.

TIPP: Verfeinern kann man die Brötle, indem Marillenmarmelade, Dörrtomaten oder Kräuter auf die Erdäpfel gegeben werden. Anschließend den Käse auflegen.

Bergkäsebunkerl

Zutaten

Teig:

300 g Mehl

1 EL Öl

3 Eier

Salz

Wasser nach Bedarf

Fülle:

150 g Bergkäse

100 g Erdäpfel, gekocht

50 g Sauerrahm

Petersilie, Muskatnuss

Salz, Pfeffer

Fett zum Backen

Alle Teigzutaten zu einem geschmeidigen Teig verarbeiten und rasten lassen.

Den Bergkäse in kleine Würfel schneiden. Die Erdäpfel kochen und noch heiß passieren. Dann mit den übrigen Zutaten gut vermischen, nach Bedarf noch mit etwas heißem Wasser zu einer gebundenen Masse verrühren.

Den Nudelteig dünn ausrollen und Kreise von ca. 5 cm Durchmesser ausstechen. Die Käsefüllung in die Mitte der Kreise setzen, die Teigränder mit Ei bestreichen und zusammenklappen. Die Ränder mit einer Gabel andrücken.

Die Bunkerl in heißem Fett herausbacken und mit Salat anrichten.

Bergkäsesalat

Zutaten

150 g Schinken

300 g Bergkäse

4 Essiggurken

1 Zwiebel

150 g Lauch

2 EL Joghurt

Essig, Öl

Senf

Salz, Pfeffer

Dille

Petersilie

Schinken, Käse, Karotten, Lauch und Essiggurken fein schneiden. Die Zwiebel in dünne Streifen schneiden.

Aus den restlichen Zutaten eine Marinade bereiten, mit Salz und Pfeffer abschmecken und über den Salat gießen. Mit Schwarzbrot servieren.

TIPP:
Wer es ganz schlicht mag, kann nur Käse und Zwiebel verwenden.

Brennnesselstrudel
mit Käse

Zutaten

1 Pkg. Strudelteig

Milch oder Schlagobers
zum Bestreichen

Fülle:

ca. 1 kg Erdäpfel

400 g Frischkäse

300 g Brennnesselblätter

1 große Zwiebel

1 Ei

Salz, Pfeffer

Petersilie

Butter

Erdäpfel kochen, schälen und noch warm durch die Presse drücken. Zwiebel fein hacken und zusammen mit den fein geschnittenen Brennnesselblättern in etwas Butter andünsten. Anschließend mit dem Frischkäse, den Gewürzen und dem Ei vermischen.

Auf einem feuchten Tuch zwei mit zerlassener Butter bestrichene Strudelteigblätter übereinanderlegen. Die Masse auf dem Strudelteig verteilen. Mit Hilfe des Tuches aufrollen, die Enden zusammenfalten und in eine gebutterte Kasserolle legen.

Bei 175 °C goldbraun backen. Zwischendurch gelegentlich mit Milch oder Schlagobers bestreichen.

Strudel noch heiß mit grünem Salat servieren, er schmeckt aber auch kalt vorzüglich.

TIPP: Noch pikanter wird dieser Strudel, wenn Sie die Fülle mit Speckwürfeln verfeinern.

Camembert
paniert aus der Pfanne

Zutaten

1 Camembert (Berggold)

1 Ei

Brösel

Butterschmalz

Mehl

Den Camembert in Mehl, aufgeschlagenem Ei und den Bröseln wenden. Im gut erhitzten Schmalz beidseitig goldbraun backen.

Mit Blattsalat, Preiselbeermarmelade oder Zitronenspalten servieren.

Käsfladen

Zutaten

300 g Mehl

15 g Germ

Salz

Wasser

300 g Käse

2 Eier

etwas Milch

2 große Zwiebeln

Salz, Pfeffer

Aus Mehl, Germ, Salz und Wasser einen Teig kneten und gehen lassen.

Inzwischen die Zwiebel fein schneiden und den Käse hobeln. Mit den Eiern vermengen und würzen. Bei Bedarf mit Milch zu einer gebundenen Masse verrühren.

Den Teig ca. 1 cm dünn auswalken und damit ein Kuchenblech belegen. Die Fülle auf den Teig auftragen und bei ansteigender Hitze goldbraun backen.

Noch heiß servieren. Dazu passt ausgezeichnet ein frischer Most.

Käsefondue

Zutaten

200 g Bergkäse

200 g Greyerzer

200 g Emmentaler

2 EL Maisstärke

2 EL Weißwein

Saft von einer Zitrone

1 Knoblauchzehe

2 EL Schnaps

Pfeffer

Seelen

Die verschiedenen Käse fein reiben und mit Maisstärke vermengen. Wein, Zitronensaft und gepressten Knoblauch zugeben. Bei starker Hitze unter Rühren in einer Gusseisenpfanne aufkochen, mit Pfeffer und Schnaps abschmecken.

Noch kurz weiterkochen lassen, in ein Fonduegeschirr geben und weiter köcheln lassen. Das Brot (Seelen) in Streifen schneiden und in den Käse tunken.

TIPP: Dazu passt als Beilage ein Kartoffelsalat oder grüner Salat.

Käsegrumpera

Zutaten

500 g Erdäpfel

Salz, Pfeffer

Kümmel

Butter für die Form

150 g Bergkäse

150 g nicht zu fetter Speck

2 EL gehackte Petersilie

etwas Butterschmalz

Erdäpfel waschen und ungeschält in eine feuerfeste Form schlichten. Mit Salz, Pfeffer und etwas Kümmel bestreuen und im vorgeheizten Backrohr je nach Größe ca. 1/2 Stunde weich garen. Aus dem Rohr nehmen, kurz abkühlen lassen und in Scheiben schneiden.

Eine feuerfeste Form mit Butter ausstreichen, die Kartoffelscheiben einlegen, mit geraffeltem Bergkäse bedecken und nochmals bei großer Oberhitze so lange im Rohr lassen, bis der Käse geschmolzen ist.

Inzwischen den Speck kleinwürfelig schneiden, in heißem Butterschmalz auslassen und anschließend mit gehackter Petersilie vermengen. Die Erdäpfel aus dem Rohr nehmen, die Speckwürfel darüber verteilen und rasch servieren. Dazu passt frischer Blatt- oder Gurkensalat.

Käspfluta

Zutaten

750 ml mit Wasser
vermischte Milch
(Verhältnis 1:1)

100 g Butter

200 g Maisgrieß

100 g geriebener Emmentaler
oder Rheintaler Käse

Salz

Gewässerte Milch salzen und aufkochen. Butter und Maisgrieß einrühren und unter ständigem Rühren kurz aufkochen lassen. Zudecken und auf kleiner Flamme – oder auf der auskühlenden Herdplatte – 1/2 Stunde ausdünsten lassen.

Käse darüber streuen, mit heißer Butter übergießen und servieren.

Käsknödel

Zutaten

500 g Knödelbrot

200 ml Milch

3 EL Crème fraîche

2 Eier

Salz, Pfeffer

2–3 mehlige Erdäpfel

50 g Mehl

100 g milder Schnittkäse (z. B. Tilsiter)

100 g Rauchschinken oder gekochtes Geselchtes

Butterschmalz

2 EL frische Petersilie

Das Knödelbrot mit Milch, Crème fraîche, Eiern und Gewürzen vermengen und kurz ziehen lassen.

Erdäpfel kochen, schälen und noch warm passieren – mit dem Mehl unter das Knödelbrot mengen. Kleinwürfelig geschnittenen Käse und Schinken dazugeben und nochmals mit Salz und Pfeffer abschmecken. Aus der Masse mit feuchten Händen Knödel formen. In leicht wallendem Salzwasser ca. 10 bis 15 Minuten kochen lassen, bis die Knödel an die Oberfläche steigen.

Anschließend herausheben, abtropfen lassen und in einer Pfanne in Butterschmalz schwenken.

Mit frischer Petersilie bestreuen. Als Beilage passt ein frischer Blattsalat mit gerösteten Speckstreifen.

TIPP: Geröstet schmecken die Knödel ebenfalls hervorragend.

Walser Käsknödel

Zutaten

4 Semmeln, altbacken

1/4 l Wasser

2 Eier

Petersilie

6 EL Mehl

Salz

Geriebener Bergkäse

Sauerkraut

Zwiebel

Die Semmeln in kleine Würfel schneiden und mit dem Wasser, 2 Eiern, in Fett angelaufener, feingehackter Petersilie, Mehl, Salz und Bergkäse gut vermengen.

Ca. 15 Minuten stehen lassen und dann zu Knödeln formen und rd. 20 Minuten in Salzwasser kochen.

Auf Sauerkraut anrichten und mit reichlich geschmalzenen braunen Zwiebeln anrichten.

Käsmuas

Zutaten

100 g Butter
100 g Weizenmehl
1,5 l Wasser
100 g Polenta
1 Lorbeerblatt
Majoran
150 g Bergkäse

Die Hälfte der Butter in einer Gusseisenpfanne schmelzen, das Mehl braun anrösten und mit Wasser aufgießen, Lorbeerblatt und Majoran zugeben. Zum Kochen bringen, dann die Polenta einrühren und kurz aufkochen lassen.

Langsam weiter köcheln lassen, bis die Polenta gar ist, fein geriebenen Käse darüber streuen und langsam unterrühren.

Die restliche Butter braun schmelzen und darübergießen, kurz abkühlen lassen und in der Pfanne servieren.

Käseschnitten

ausgebackt

Zutaten

4 altbackene Semmeln

1 Bd. Petersilie

1 Zwiebel

1 Ei

150 g fein geriebener Bergkäse

Knoblauch

Salz, Pfeffer

Brösel

Petersilie und Zwiebel fein hacken und mit dem Ei, fein geriebenem Bergkäse, Knoblauch, Salz und Pfeffer vermischen. Wenn nötig, etwas Brösel dazugeben. Die Masse auf die altbackenen Semmelscheiben streichen und in viel Fett backen. (Kalorienbewusste können sie auch im Backrohr zubereiten).

Die Schnitten können als Suppeneinlage oder auch als Vorspeise mit Salat serviert werden.

Kässpätzle

Zutaten

500–600 g Mehl

4 Eier

etwas Wasser

Salz

ca. 250 g geriebener Käse:
je ein Drittel Bergkäse, Räßkäse
(vollfett) und Emmentaler (mild)

150 g Butter

Zwiebeln

Mehl, Eier und Salz mit Wasser rasch zu einem glatten Teig schlagen und durch ein großgelochtes Sieb in kochendes Salzwasser drücken. Sobald die Spätzle an der Wasseroberfläche schwimmen, abseihen.

Anschließend in eine Pfanne geben und lagenweise mit dem geriebenen Käse bestreuen, etwas Kochwasser über die Spätzle gießen.

Die feinnudelig geschnittenen Zwiebeln in heißer Butter rösten und über die Spätzle geben. Für einige Minuten in ein vorgeheiztes Rohr geben.

WISSENSWERTES:
Für die Kässpätzle oder Käsknöpfle nimmt man auch nur den besten Bergkäse, d.h. er muss alt, reif und trocken sein.

Lumpasalot

Zutaten

250 g Bergkäse

250 g Schübling

1 Zwiebel

Salz, Pfeffer

Essig, Öl

Etwas Senf

Käse in Stifte, den Schübling abziehen und in Scheiben schneiden.

Für die Marinade Essig, Öl und Senf verrühren, mit Salz und Pfeffer abschmecken.

Die Zwiebel schälen und in feine Ringe schneiden, zum Käse und der Wurst geben. Die Marinade darübergießen und alles gut vermengen.

Oggsaauga
mit Ziibela

Zutaten

2 Eier

1 Zwiebel

geriebener Bergkäse

Butter

Die Zwiebeln schälen und in feine Ringe schneiden.

In einer Pfanne mit Butter anschwitzen und die aufgeschlagenen Eier dazugeben.

Auf die Spiegeleier Käse aufstreuen und kurz im Ofen schmelzen lassen.

TIPP:
Dazu passen Braterdäpfel und grüner Salat.

Gfüllts Omlett

Zutaten

Teig:
150 g Mehl
1/4 l Milch
3 Eier
3 EL Öl zum Ausbacken

Fülle:
ca. 400 g gebratene oder
gekochte Fleischreste
1 Zwiebel
1/2 Knoblauchzehe
etwas Mehl
etwas Suppe
Salz, Pfeffer
Majoran

Mehl, Milch, Eier und Öl gut miteinander verrühren und anschließend den Teig ca. 20 Minuten rasten lassen.

In einer Pfanne wenig Öl erhitzen und etwas Teig eingießen. Die Pfanne dabei schräg halten und drehen, sodass der Boden gleichmäßig bedeckt wird. Anschließend die Pfannkuchen warm halten.

Für die Fülle das Fleisch durch den Fleischwolf drehen, die Zwiebeln und den Knoblauch fein schneiden. Dann in einer Pfanne anrösten, mit etwas Mehl stauben und mit Suppe, Majoran, Salz und Pfeffer zu einer gebundenen Masse verrühren.

Die fertigen Pfannkuchen mit der Fleischmasse bestreichen, einrollen und in einer Form legen. Die Pfannkuchen werden mit Bergkäse bestreut und im schon vorgewärmten Ofen erhitzt, bis der Käse geschmolzen ist. Mit grünem Salat servieren.

WISSENSWERTES:
In Vorarlberg heißen Pfannkuchen meist „Omeletten".

Panierter Käse

Zutaten

4 dünne Scheiben Emmentaler
oder Bergkäse (mild)

1 Ei

Brösel

Butterschmalz

Zitrone

Weißer Pfeffer

Öl

Mehl

Die Käsescheiben mit Öl und weißem Pfeffer einreiben. In Mehl, aufgeschlagenem Ei und den Bröseln wenden. Im gut erhitzten Fett beiseitig goldbraun backen.

Mit Zitronenspalten oder Tomatensalat servieren.

Brennter Riebel
mit Käse

Zutaten

750 ml Milch

400 g Maisgrieß

500 ml Wasser

100 g Butterschmalz

Salz

In heißem Butterschmalz Maisgrieß leicht anrösten, ohne Farbe nehmen zu lassen, salzen, mit Milchwasser aufgießen, sodass der Maisgrieß gerade bedeckt ist. Sofort den Deckel daraufgeben und auf kleinste Flamme zurückschalten. Unter oftmaligem Wenden und Zerkleinern fertig braten. Dabei immer wieder etwas Milchwasser zugießen. Nach ca. 60 Minuten ist der Riebel schön locker.

Den grob geriebenen Bergkäse über den Riebel geben, ein paar Minuten im Ofen schmelzen lassen.

WISSENSWERTES:
Zu den ältesten Gerichten zählt in Vorarlberg der Riebel. Es gibt Riebel in verschiedensten Varianten und ist auch bekannt als Stopfer, Stopfar, Brösel oder Pflutta.

„As stoht scho idor Biebel,
am beschta isch Kaffee
und Riebel!"

Rösti

mit Bergkäse und Bergkräutern

Zutaten

1 kg festkochende Erdäpfel

200 g Bergkäse (würzig)

4 EL Butter

Kräuter, fein gehackt

2 TL Kümmel, ganz

Salz, Pfeffer

Muskatnuss

Erdäpfel waschen und mit Salz und Kümmel kochen, schälen und kalt stellen. Die erkalteten Kartoffeln mit einer Küchenreibe grob reißen, mit Salz, Pfeffer und Muskatnuss würzen.

Eine mittelgroße Pfanne mit Butter erhitzen, die Erdäpfel darin gleichmäßig verteilen und mit einer Spachtel leicht andrücken. So lange anbraten, bis das Rösti goldgelb und leicht knusprig ist, einmal wenden und auch anbraten.

Den Bergkäse reiben und auf dem Rösti verteilen und im vorgeheizten Backrohr schmelzen lassen.

Vor dem Anrichten noch mit Bergkräutern bestreuen.

TIPP: Die Erdäpfel nicht ganz gar kochen, so dass in der Mitte der Erdäpfel noch ein härterer Kern ist. Dadurch kleben die Erdäpfel in der Pfanne besser zusammen (Stärke).

Schupfnüdele
mit Käse

Zutaten

500 g mehlige Erdäpfel

170 g Mehl

Salz

1 Ei

1 EL Butter

3 EL Butterschmalz

100 g Geselchtes

150 g geriebener Bergkäse

1 EL gehackter Schnittlauch

Für die Schupfnüdele mehlige Erdäpfel weich kochen, noch heiß schälen und passieren. Mehl, Ei, eine Prise Salz und nicht zu kalte Butter untermengen und zu einem festen Teig kneten. Den Teig zu einer Rolle formen – kleine Stückchen davon abschneiden und zu fingerlangen „Nüdele" drehen.

Salzwasser zum Kochen bringen und Nüdele einlegen. Sobald sie an die Oberfläche steigen, abschöpfen und mit kaltem Wasser abschrecken.

Butterschmalz in einer Pfanne erhitzen, die Schupfnüdele darin abschmalzen. Geselchtes würfelig schneiden und kurz mitrösten. Den geriebenen Käse darüber streuen und noch so lange braten, bis der Käse schmilzt.

Mit frisch gehacktem Schnittlauch bestreuen und in der Pfanne servieren.

Spinat-Käse-Knödel

Zutaten

200 g Blattspinat (TK)

1 Zwiebel

2 Knoblauchzehen

250 g Semmelwürfel

150 g Bergkäse

3 Eier

125 ml Milch

Salz

Muskatnuss

3 EL Mehl

100 g Butter

Spinat kurz blanchieren, gut abtropfen lassen und dann klein schneiden.

Zwiebel und Knoblauch fein hacken und in etwas Butter anrösten. Bergkäse in kleine Würfel schneiden und mit dem Spinat und dem Zwiebel-Knoblauch-Gemisch unter die Semmelwürfel mischen.

Die Eier mit der Milch vermischen und fest durchschlagen, mit Salz und Muskatnuss würzen und unter die Semmelwürfel heben. Dann den Knödelteig mit Mehl binden. Wenn die Masse zu weich ist, etwas Semmelbrösel zum Festigen zugeben.

Mit nassen Händen Knödel formen und in Salzwasser wallend kochen.

Zum Schluss die Knödel mit zerlassener Butter in Tellern anrichten.

TIPP: Dazu passt Blattsalat oder Sauerkraut.

Spinat-Schafkäse-Nudeln

Zutaten

300 g Hartweizengrieß

3 Eier

3 EL Pflanzenöl

1 TL Salz

200 g Cremespinat

Fülle:

300 g Schaffrischkäse

70 g Zwiebeln

80 g gekochte Erdäpfel

1 Ei

gehackte Petersilie

Salz, Pfeffer

Knoblauch

Hartweizengrieß, Eier und Cremespinat mit Öl und Salz zu einem glatten Teig kneten und in Folie kühl rasten lassen.

Kartoffel passieren, Zwiebeln hacken und mit den restlichen Zutaten vermengen. Aus der Masse kleine Kugeln formen.

Den Nudelteig dünn ausrollen, rund ausstechen und jeweils eine Kugel Fülle daraufsetzen. Teigtaschen verschließen und in siedendem Salzwasser garen.

TIPP: Mit zerlassener Butter und geriebenem Bergkäse servieren.

Spinatspätzle
mit Bergkäse

Zutaten

400g Spätzlemehl

50 g frischer Blattspinat

4 Eier

ca. 100 ml Wasser

Salz, Muskatnuss

Bergkäsesauce:

400 g Champignons

etwas Butter

1 Zwiebel, 1 Knoblauchzehe

1 Tomate

1 Bd. glatte Petersilie

100 ml Schlagobers

100 g Bergkäse

Weißwein

frischer Salbei

Salz, Pfeffer

Für die Spätzle den Spinat waschen und mit etwas Wasser im Mixer fein pürieren. Aus dem Mehl, Eiern und dem Spinatpüree einen zähen Spätzleteig rühren (Wasser entsprechend der Konsistenz zugeben). Den Teig mit Salz und Muskat abschmecken und schlagen, bis er Blasen wirft.

Nun den Teig mit Hilfe eines Spätzlehobels in kochendes Wasser hobeln, einmal kurz aufkochen, abschöpfen und in kaltem Wasser abschrecken.

Für die Sauce Butter, gewürfelte Zwiebel und gehackten Knoblauch anschwitzen, geviertelte Champignons zugeben und anbraten. Mit etwas Weißwein ablöschen und das Schlagobers zugeben. Mit etwas Salz, Pfeffer und frischem Salbei abschmecken. Ca. 10 Minuten köcheln lassen.

Kurz vor dem Servieren den geriebenen Bergkäse unter ständigem Rühren in die Sauce einrühren.

Zum Anrichten die Spinatspätzle in Butter anschwenken und unter die Sauce mengen. Mit gewürfelten Tomaten und der Petersilie garnieren.

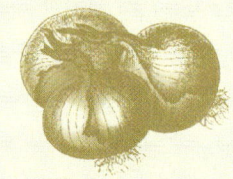

Sura Kees mit Zwiebel

Zutaten

Sura Kees

Etwas Essig und Öl

Salz, Pfeffer

1 große Zwiebel

Den Sura Kees in Scheiben schneiden und auf einen Teller auflegen.

Aus Essig und Öl, Salz, Pfeffer und der nudelig geschnittenen Zwiebel eine Marinade zubereiten. Die Marinade über den Käse gießen und vor dem Servieren noch etwas ziehen lassen.

WISSENSWERTES:
Seit dem 12. Jahrhundert stellen Bauern im Montafon „Sura Kees" her.

Ziegenkäsemousse

Zutaten

300 g Ziegenkäse

250 g Schlagobers

6 Blatt Gelatine

einen Spritzer Zitronensaft

Salz, Pfeffer

getrocknete Tomaten
(aus der Mühle)

Den Ziegenkäse fein pürieren (durch das feinste Sieb der flotten Lotte). Schlagobers steif schlagen.

Gelatine für die Mousse kalt einweichen. Gelatine tropfnass in einem kleinen Topf bei schwacher Hitze unter Rühren auflösen und dann die Ziegenkäsemasse zügig in die Gelatine einrühren. Mit Salz, Pfeffer, Knoblauch, Zitronensaft und einer Prise getrocknete Tomaten würzen. 25 Minuten kalt stellen. (Achtung! Immer die Masse in die Gelatine und nicht umgekehrt)

Schlagobers steif schlagen und unter die Ziegenkäsemasse heben, sobald sie zu gelieren beginnt. Masse in eine kleine Schüssel füllen, abgedeckt mindestens 6 Stunden (besser über Nacht) kalt stellen.

Nockerln ausstechen und mit Salat anrichten.

Ziegenkäse
mit Salat

Zutaten

1 Ziegenkäse

Salat nach Belieben

Essig, Öl, Senf

Salz, Pfeffer

Für die Marinade Essig, Öl und Senf verrühren, mit Salz und Pfeffer abschmecken.

Den Salat anrichten und den Ziegenkäse dazugeben. Mit Marinade übergießen und dekorativ anrichten.

Ziegenkäsebällchen

Zutaten

200 g Ziegenfrischkäse
1 Ei
2 EL Dinkel-Vollkornmehl
4 Scheiben Roggenknäckebrot
Rapsöl

Ziegenfrischkäse mit feuchten Händen zu Kugeln formen. Das Ei verquirlen, Knäckebrot zerstoßen, das Rapskernöl auf 175 °C erhitzen.

Die Ziegenbällchen zunächst in Ei wenden, dann kurz in dem Dinkelvollkornmehl, dann wieder in Ei und danach im Roggenknäckebrot wenden. In das heiße Öl geben und darin schwimmend goldbraun backen (max. 1 Minute). Auf Küchenkrepp kurz trocknen und servieren.

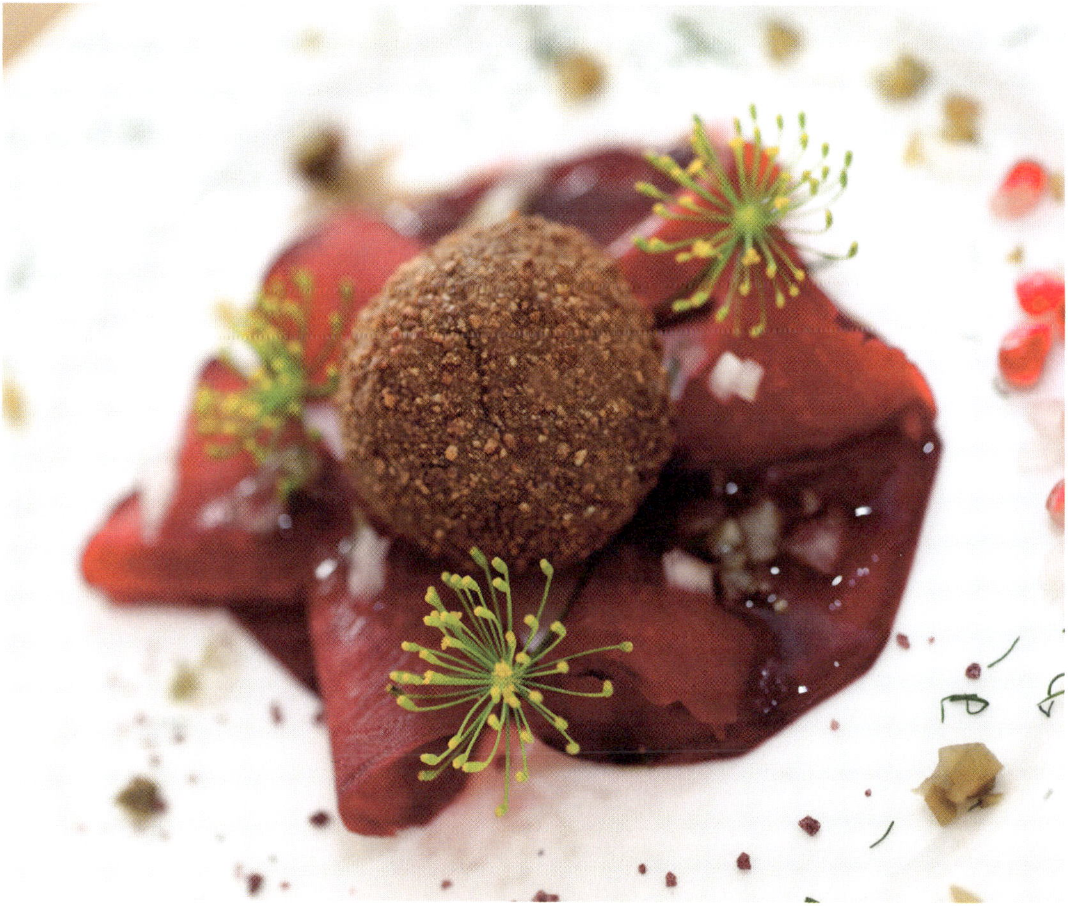

TIPP:

Ein Bett aus essbaren Blüten, Dillblüten und Rucola auf den Teller legen, darauf die Rote Bete verteilen und fein geschnittene Kräuter auf den Tellerrand streuen.

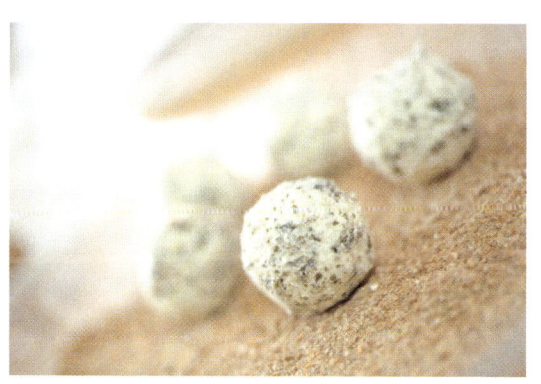

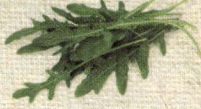

Desserts

Ziegernudla
mit Apfelmus

Zutaten

250 g trockenen Zieger

1 Prise Salz

2 Eier

80 g Mehl

Fett zum Backen

Zieger, Salz und Eier in einer Schüssel miteinander vermengen. Dann die Hälfte des Mehls unterrühren und den Teig aus der Schüssel nehmen. Auf ein Nudelbrett geben und den Rest des Mehls einkneten.

Fingerdicke Nüdele formen (wie bei Schupfnudeln) und im heißen Fett goldbraun backen.

TIPP: Mit Apfelmus oder auch Apfelkompott servieren.

Ziegerknödel
mit Sigherz

Zutaten

500 g Zieger

1 Ei

100–120 g Mehl

1 TL Salz
bzw. nach Geschmack

Fülle:

ca. 100 g Sig

ev. Staubzucker
zum Bestreuen

Alle Zutaten mit der Hand zu einem geschmeidigen Teig kneten.

Die Menge des Mehls ist abhängig von der Feuchtigkeit des Ziegers. Der Teig sollte nicht zu feucht sein, sodass der Teig nicht zu stark an den Händen klebt.

In die Mitte des Knödels eine kleine Portion Sig (ca. ein Teelöffel) geben. Die Knödel in Butterschmalz backen, bis sie goldbraun sind und je nach Geschmack mit Staubzucker bestreuen.

Rosmarin-Honig-Parfait

Zutaten

250 g Honig

1 Handvoll Rosmarinzweige

500 ml Schlagobers

4 Eidotter

2 Eier

20 g Zucker

ein wenig Vanillemark

TIPP: Wenn gewünscht, für Deko den Honig mit Rosmarinzweig erwärmen.

Die Kastenform mit Klarsichtfolie auskleiden. Die Folie sollte so weit überstehen, dass man sie über die Parfaitmasse stülpen kann. Die Rosmarinzweige mit dem Honig in einen Topf geben, bis der Honig flüssig ist. Topf vom Herd nehmen und ziehen lassen. Je nach Geschmack kann etwas Rosmarinhonig für Deko an Tellern zur Seite gegeben werden.

Das Schlagobers steif schlagen. Eidotter, Eier und Zucker in einer Schüssel über dem heißen Wasserbad schaumig schlagen, bis die Masse andickt. Dann die Schüssel vom Wasserbad nehmen und den Inhalt weiterschlagen, bis er abgekühlt ist.

Den Rosmarinhonig durch ein Sieb zur Eimasse gießen und vorsichtig unterheben. Etwas Vanillemark hinzufügen. Dann das geschlagene Schlagobers behutsam unterziehen und die Parfaitmasse in die vorbereitete Form gießen. Die Klarsichtfolie an der Oberfläche über der Masse glatt streichen. Die Form für mindestens 4 Stunden in die Tiefkühltruhe geben.

Etwa 15 Minuten vor dem Servieren das Parfait aus der Truhe nehmen und leicht antauen lassen. Das Parfait aus der Form stürzen und die Klarsichtfolie entfernen. Ev. mit Rosmarinhonig und Rosmarinzweige dekorieren.

Sig-Knöpfle

Zutaten

400 g Mehl

2–3 Eier

1 Prise Salz

250 ml Wasser

300 g Sig

Butterschmalz

Aus Mehl, Eiern, Salz und Wasser einen raschen Knöpfle-teig herstellen. Durch den Spätzler in kochendes Salzwasser streichen und die Knöpfle zwischendurch abschöpfen.

Butterschmalz in einer Pfanne erwärmen. Fertige Spätzle in die Pfanne geben und geriebenen Sig darüber streuen und unterheben.

Besonders gut schmecken die Sig-Knöpfle mit einem Glas frischer Heumilch

Sig-Parfait

Zutaten

60 ml Wasser

15 g Zucker

80 g Sig

3 Eidotter

250 ml Schlagobers

Wasser, Zucker und Sig zusammen aufkochen, 4–5 Esslöffel dieser Masse beiseitegeben und den Sig vom Herd nehmen. Die beiseite gestellte Masse mit den Eidottern vermengen, in den warmen Sig unterrühren, etwas erwärmen und über Nacht stehen lassen.

Am nächsten Tag das geschlagene Schlagobers unterheben, in eine Terrinenform abfüllen und einige Stunden einfrieren. Mit Früchten und Vanillesauce servieren.

Heimatkunde für den Gaumen

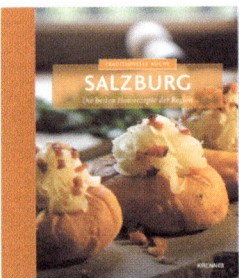